中华人民共和国
人民检察院组织法

中国法制出版社

目　　录

中华人民共和国主席令

第十二号

《中华人民共和国人民检察院组织法》已由中华人民共和国第十三届全国人民代表大会常务委员会第六次会议于 2018 年 10 月 26 日修订通过，现将修订后的《中华人民共和国人民检察院组织法》公布，自 2019 年 1 月 1 日起施行。

中华人民共和国主席　习近平

2018 年 10 月 26 日

中华人民共和国
人民检察院组织法

（1979 年 7 月 1 日第五届全国人民代表大会第二次会议通过　根据 1983 年 9 月 2 日第六届全国人民代表大会常务委员会第二次会议《关于修改〈中华人民共和国人民检察院组织法〉的决定》第一次修正　根据 1986 年 12 月 2 日第六届全国人民代表大会常务委员会第十八次会议《关于修改〈中华人民共和国地方各级人民代表大会和地方各级人民政府组织法〉的决定》第二次修正　2018 年 10 月 26 日第十三届全国人民代表大会常务委员会第六次会议修订）

目　　录

第一章　总　　则

第一条　为了规范人民检察院的设置、组织和职权，保障人民检察院依法履行职责，根据宪法，制定本法。

第二条　人民检察院是国家的法律监督机关。

人民检察院通过行使检察权，追诉犯罪，维护国家安全和社会秩序，维护个人和组织的合法权益，维护国家利益和社会公共利益，保障法律正确实施，维护社会公平正义，维护国家法制统一、尊严和权威，保障中国特色社会主义建设的顺利进行。

第三条　人民检察院依照宪法、法律和全国人民代表大会常务委员会的决定设置。

第四条　人民检察院依照法律规定独立行使检察权，不受行政机关、社会团体和个人的干涉。

第五条　人民检察院行使检察权在适用法律上一

律平等，不允许任何组织和个人有超越法律的特权，禁止任何形式的歧视。

第六条 人民检察院坚持司法公正，以事实为根据，以法律为准绳，遵守法定程序，尊重和保障人权。

第七条 人民检察院实行司法公开，法律另有规定的除外。

第八条 人民检察院实行司法责任制，建立健全权责统一的司法权力运行机制。

第九条 最高人民检察院对全国人民代表大会及其常务委员会负责并报告工作。地方各级人民检察院对本级人民代表大会及其常务委员会负责并报告工作。

各级人民代表大会及其常务委员会对本级人民检察院的工作实施监督。

第十条 最高人民检察院是最高检察机关。

最高人民检察院领导地方各级人民检察院和专门人民检察院的工作，上级人民检察院领导下级人民检察院的工作。

第十一条 人民检察院应当接受人民群众监督，保障人民群众对人民检察院工作依法享有知情权、参与权和监督权。

第二章　人民检察院的设置和职权

第十二条　人民检察院分为：

（一）最高人民检察院；

（二）地方各级人民检察院；

（三）军事检察院等专门人民检察院。

第十三条　地方各级人民检察院分为：

（一）省级人民检察院，包括省、自治区、直辖市人民检察院；

（二）设区的市级人民检察院，包括省、自治区辖市人民检察院，自治州人民检察院，省、自治区、直辖市人民检察院分院；

（三）基层人民检察院，包括县、自治县、不设区的市、市辖区人民检察院。

第十四条　在新疆生产建设兵团设立的人民检察院的组织、案件管辖范围和检察官任免，依照全国人民代表大会常务委员会的有关规定。

第十五条　专门人民检察院的设置、组织、职权和检察官任免，由全国人民代表大会常务委员会规定。

第十六条　省级人民检察院和设区的市级人民检

察院根据检察工作需要，经最高人民检察院和省级有关部门同意，并提请本级人民代表大会常务委员会批准，可以在辖区内特定区域设立人民检察院，作为派出机构。

第十七条 人民检察院根据检察工作需要，可以在监狱、看守所等场所设立检察室，行使派出它的人民检察院的部分职权，也可以对上述场所进行巡回检察。

省级人民检察院设立检察室，应当经最高人民检察院和省级有关部门同意。设区的市级人民检察院、基层人民检察院设立检察室，应当经省级人民检察院和省级有关部门同意。

第十八条 人民检察院根据检察工作需要，设必要的业务机构。检察官员额较少的设区的市级人民检察院和基层人民检察院，可以设综合业务机构。

第十九条 人民检察院根据工作需要，可以设必要的检察辅助机构和行政管理机构。

第二十条 人民检察院行使下列职权：

（一）依照法律规定对有关刑事案件行使侦查权；

（二）对刑事案件进行审查，批准或者决定是否逮捕犯罪嫌疑人；

（三）对刑事案件进行审查，决定是否提起公诉，对决定提起公诉的案件支持公诉；

（四）依照法律规定提起公益诉讼；

（五）对诉讼活动实行法律监督；

（六）对判决、裁定等生效法律文书的执行工作实行法律监督；

（七）对监狱、看守所的执法活动实行法律监督；

（八）法律规定的其他职权。

第二十一条 人民检察院行使本法第二十条规定的法律监督职权，可以进行调查核实，并依法提出抗诉、纠正意见、检察建议。有关单位应当予以配合，并及时将采纳纠正意见、检察建议的情况书面回复人民检察院。

抗诉、纠正意见、检察建议的适用范围及其程序，依照法律有关规定。

第二十二条 最高人民检察院对最高人民法院的死刑复核活动实行监督；对报请核准追诉的案件进行审查，决定是否追诉。

第二十三条 最高人民检察院可以对属于检察工作中具体应用法律的问题进行解释。

最高人民检察院可以发布指导性案例。

第二十四条 上级人民检察院对下级人民检察院行使下列职权：

（一）认为下级人民检察院的决定错误的，指令下级人民检察院纠正，或者依法撤销、变更；

（二）可以对下级人民检察院管辖的案件指定管辖；

（三）可以办理下级人民检察院管辖的案件；

（四）可以统一调用辖区的检察人员办理案件。

上级人民检察院的决定，应当以书面形式作出。

第二十五条 下级人民检察院应当执行上级人民检察院的决定；有不同意见的，可以在执行的同时向上级人民检察院报告。

第二十六条 人民检察院检察长或者检察长委托的副检察长，可以列席同级人民法院审判委员会会议。

第二十七条 人民监督员依照规定对人民检察院的办案活动实行监督。

第三章 人民检察院的办案组织

第二十八条 人民检察院办理案件，根据案件情况可以由一名检察官独任办理，也可以由两名以上检察官组成办案组办理。

由检察官办案组办理的，检察长应当指定一名检察官担任主办检察官，组织、指挥办案组办理案件。

第二十九条 检察官在检察长领导下开展工作，重大办案事项由检察长决定。检察长可以将部分职权委托检察官行使，可以授权检察官签发法律文书。

第三十条 各级人民检察院设检察委员会。检察委员会由检察长、副检察长和若干资深检察官组成，成员应当为单数。

第三十一条 检察委员会履行下列职能：

（一）总结检察工作经验；

（二）讨论决定重大、疑难、复杂案件；

（三）讨论决定其他有关检察工作的重大问题。

最高人民检察院对属于检察工作中具体应用法律的问题进行解释、发布指导性案例，应当由检察委员会讨论通过。

第三十二条 检察委员会召开会议，应当有其组成人员的过半数出席。

检察委员会会议由检察长或者检察长委托的副检察长主持。检察委员会实行民主集中制。

地方各级人民检察院的检察长不同意本院检察委

员会多数人的意见，属于办理案件的，可以报请上一级人民检察院决定；属于重大事项的，可以报请上一级人民检察院或者本级人民代表大会常务委员会决定。

第三十三条 检察官可以就重大案件和其他重大问题，提请检察长决定。检察长可以根据案件情况，提交检察委员会讨论决定。

检察委员会讨论案件，检察官对其汇报的事实负责，检察委员会委员对本人发表的意见和表决负责。检察委员会的决定，检察官应当执行。

第三十四条 人民检察院实行检察官办案责任制。检察官对其职权范围内就案件作出的决定负责。检察长、检察委员会对案件作出决定的，承担相应责任。

第四章 人民检察院的人员组成

第三十五条 人民检察院的检察人员由检察长、副检察长、检察委员会委员和检察员等人员组成。

第三十六条 人民检察院检察长领导本院检察工作，管理本院行政事务。人民检察院副检察长协助检察长工作。

第三十七条 最高人民检察院检察长由全国人民

代表大会选举和罢免，副检察长、检察委员会委员和检察员由检察长提请全国人民代表大会常务委员会任免。

第三十八条 地方各级人民检察院检察长由本级人民代表大会选举和罢免，副检察长、检察委员会委员和检察员由检察长提请本级人民代表大会常务委员会任免。

地方各级人民检察院检察长的任免，须报上一级人民检察院检察长提请本级人民代表大会常务委员会批准。

省、自治区、直辖市人民检察院分院检察长、副检察长、检察委员会委员和检察员，由省、自治区、直辖市人民检察院检察长提请本级人民代表大会常务委员会任免。

第三十九条 人民检察院检察长任期与产生它的人民代表大会每届任期相同。

全国人民代表大会常务委员会和省、自治区、直辖市人民代表大会常务委员会根据本级人民检察院检察长的建议，可以撤换下级人民检察院检察长、副检察长和检察委员会委员。

第四十条 人民检察院的检察官、检察辅助人员和司法行政人员实行分类管理。

第四十一条 检察官实行员额制。检察官员额根据案件数量、经济社会发展情况、人口数量和人民检察院层级等因素确定。

最高人民检察院检察官员额由最高人民检察院商有关部门确定。地方各级人民检察院检察官员额，在省、自治区、直辖市内实行总量控制、动态管理。

第四十二条 检察官从取得法律职业资格并且具备法律规定的其他条件的人员中选任。初任检察官应当由检察官遴选委员会进行专业能力审核。上级人民检察院的检察官一般从下级人民检察院的检察官中择优遴选。

检察长应当具有法学专业知识和法律职业经历。副检察长、检察委员会委员应当从检察官、法官或者其他具备检察官、法官条件的人员中产生。

检察官的职责、管理和保障，依照《中华人民共和国检察官法》的规定。

第四十三条 人民检察院的检察官助理在检察官指导下负责审查案件材料、草拟法律文书等检察辅助事务。

符合检察官任职条件的检察官助理，经遴选后可以按照检察官任免程序任命为检察官。

第四十四条 人民检察院的书记员负责案件记录等检察辅助事务。

第四十五条 人民检察院的司法警察负责办案场所警戒、人员押解和看管等警务事项。

司法警察依照《中华人民共和国人民警察法》管理。

第四十六条 人民检察院根据检察工作需要，可以设检察技术人员，负责与检察工作有关的事项。

第五章 人民检察院行使职权的保障

第四十七条 任何单位或者个人不得要求检察官从事超出法定职责范围的事务。

对于领导干部等干预司法活动、插手具体案件处理，或者人民检察院内部人员过问案件情况的，办案人员应当全面如实记录并报告；有违法违纪情形的，由有关机关根据情节轻重追究行为人的责任。

第四十八条 人民检察院采取必要措施，维护办案安全。对妨碍人民检察院依法行使职权的违法犯罪行为，依法追究法律责任。

第四十九条 人民检察院实行培训制度，检察官、检察辅助人员和司法行政人员应当接受理论和业务培训。

第五十条 人民检察院人员编制实行专项管理。

第五十一条 人民检察院的经费按照事权划分的原则列入财政预算，保障检察工作需要。

第五十二条 人民检察院应当加强信息化建设，运用现代信息技术，促进司法公开，提高工作效率。

第六章 附 则

第五十三条 本法自 2019 年 1 月 1 日起施行。

关于《中华人民共和国人民检察院组织法（修订草案）》的说明

——2017 年 8 月 28 日在第十二届全国人民代表大会常务委员会第二十九次会议上

全国人大内务司法委员会副主任委员　何晔晖

委员长、各位副委员长、秘书长、各位委员：

我受全国人大内务司法委员会的委托，作关于《中华人民共和国人民检察院组织法（修订草案）》的说明。

一、修改人民检察院组织法的重要意义

人民检察院组织法是规定人民检察院机构设置及其职责权限的重要法律，是我国司法制度的支柱性法律。现行人民检察院组织法于 1979 年 7 月颁布，1980 年 1 月施行，对构建检察院组织体系、加强法律监督工作、确立社会主义司法制度发挥了重要作用。随着我国经济社会快速发展，民主法治建设日臻完善，司法体制改革不断深化，人民检察院工作面临许多新情况新任务新要求，修改完善人民检察院组织法是十分必要的。

第一，修改人民检察院组织法，是贯彻落实党中央重大决策部署，深化司法体制改革的重要任务。十八大以来，以习近平总书记为核心的党中央对深化司法体制改革、保障司法公正作出一系列决策部署，司法体制改革取得重大成果。修改人民检察院组织法，对完善检察院管理体制和检察权运行机制，巩固司法体制改革成果，确保司法体制改革行稳致远，进一步提高司法公信力，具有重要意义。

第二，修改人民检察院组织法，是适应改革开放以来人民检察院发展，充分发挥法律监督职能的客观需要。现行人民检察院组织法是改革开放初期制定的，三十多年来，人民检察院工作发生许多积极变化，修改人民检察院组织法，对更好地履行检察机关职能，打击犯罪，保障人权，保障国家法律正确实施，维护社会公平正义，具有重要意义。

第三，修改人民检察院组织法，是完善中国特色社会主义法律体系的重要任务。人民检察院是国家的法律监督机关，人民检察院组织法是中国特色社会主义法律体系的重要组成部分。随着刑事诉讼法、民事诉讼法、行政诉讼法、法官法、检察官法等法律不断完善，修改人民检察院组织法，进一步明确人民检察院的设置及其职权，对维护法律之间的和谐统一，具有重要意义。

二、修改的指导思想以及工作过程

修改人民检察院组织法的指导思想是：全面贯彻党的十八大和十八届三中、四中、五中、六中全会精神，以邓小平理论、“三个代表”重要思想、科学发展观为指导，深入学习贯彻习近平总书记系列重要讲话精神和治国理政新理念新思想新战略，牢固树立“四个意识”，围绕统筹推进“五位一体”总体布局和协调推进“四个全面”战略布局，抓紧修改完善人民检察院组织法，规范人民检察院的设置和职权，保障人民检察院依法履行职责，使修改后的人民检察院组织法符合司法规律，体现时代精神，为建设公正高效权威的社会主义司法制度提供法律保障。

全国人大常委会对修改人民检察院组织法高度重视，2013 年就作出工作部署。本届以来，全国人大代表提出修改人民检察院组织法的议案共 32 件。全国人大内务司法委员会在全国人大常委会的领导下，抓紧研究修改人民检察院组织法。修改工作遵循以下基本原则：一是修改工作是在现行人民检察院组织法基础上进行的，其基本制度和许多规定都要保留。二是努力体现司法体制改革成果，使党中央重大决策部署通过法定程序成为国家意志，用法律制度巩固司法体制改革成果。三是准确把握人民检察院组织法的调整范围，妥善处理与诉讼法、检察官法等法律的关系。四是人民检察院组织法涉及面广，有些改革还在试点过程中，对一些实践不够、尚未形成共识的问题，只作原则性规定或者暂不作规定。

内务司法委员会在修改人民检察院组织法过程中，主要做了以下工作：一是专门组织6个研究小组并委托6个省级人大内司委，逐个研究修改的主要问题；二是两年来深入调研20个省、自治区、直辖市司法体制改革情况；三是广泛征求中央纪委、中央组织部、中央编办、财政部等部门，31个省级人大内司委，部分法律院校和研究机构等各方面的意见和建议；四是与中央政法委、全国人大常委会法工委、最高人民法院、最高人民检察院、国务院法制办等单位多次沟通协商，对草案规定的内容达成共识。2017年6月8日，内务司法委员会召开全体会议，讨论通过了人民检察院组织法修订草案。

三、人民检察院组织法修订草案的主要内容

现行人民检察院组织法共3章28条，修订草案共6章60条，修改完善的量较大。增加的主要内容：一是现行人民检察院组织法施行以来，全国人大及其常委会有关人民检察院组织的新规定，如新疆兵团检察院等规定。二是深化司法体制改革的有关成果。

（一）人民检察院的性质和任务

关于人民检察院的性质。草案规定："中华人民共和国人民检察院是国家的法律监督机关，依法行使检察权。"（草案第二条）这一规定，与宪法以及现行人民检察院组织法的规定是一致的。

关于人民检察院的任务。根据人民检察院性质及其职能，草案规定："人民检察院的任务是通过行使检察权，追诉犯罪，保障人权，维护国家安全和社会秩序，依法监督国家机关及其工作人员行使职权，保障国家法律正确实施，维护社会公共利益，维护社会公平正义，维护国家法制统一、尊严、权威。"（草案第三条）

（二）检察工作的基本原则和工作体制

关于人民检察院工作的基本原则。草案在第四条至第十条规定了人民检察院依法设立、依法独立行使检察权、适用法律人人平等、司法公正、司法民主、司法公开和司法责任制等基本原则。草案关于基本原则的规定，主要是根据检察工作要求和深化司法体制改革实践作出的，基本上都有法律依据。

关于检察工作体制。草案坚持现行人民检察院组织法检察工作体制的规定，体现检察一体化原则，明确规定：“最高人民检察院领导地方各级人民检察院和专门人民检察院的工作。上级人民检察院领导下级人民检察院的工作。”（草案第二十六条）同时规定：“检察官在检察长领导下开展工作，重大办案事项由检察长决定。”（草案第三十一条）并根据司法责任制有关“谁决定谁负责”的要求，规定“检察长、检察委员会对案件作出决定的，承担相应责任。”（草案第三十七条）

（三）人民检察院的机构设置和办案组织

1. 关于人民检察院的分类。现行人民检察院组织法将人民检察院分为最高人民检察院、地方各级人民检察院和专门人民检察院，草案在此基础上，根据党的十八届四中全会决定增加规定：“经全国人民代表大会常务委员会决定，可以设立跨行政区划人民检察院，办理跨地区案件。”（草案第二十一条）并根据1998年全国人大常委会的决定，增加“新疆维吾尔自治区生产建设兵团人民检察院”的规定。（草案第二十条）

2. 关于人民检察院的内设机构。根据检察工作需要，并征求有关部门意见，草案对人民检察院的办案机构、综合业务机构、检察辅助机构和司法行政机构作出规定。如，“人民检察院根据检察工作需要，可以设必要的办案机构。检察官员额较少的市级人民检察院和基层人民检察院，可以设综合办案机构。”（草案第二十四条）“人民检察院根据工作需要，可以设必要的检察辅助机构和司法行政管理机构，也可以让社会力量参与检察辅助工作和司法行政工作。”（草案第二十五条）这样规定，既符合深化司法体制改革要求，又为进一步改革留有空间。

3. 关于检察官办案组和独任检察官。党的十八届四中全会提出，完善主任检察官办案责任制，落实谁办案谁负责。检察官办案组和独任检察官是人民检察院主要办案主体，草案对检察官办案组的组成、主任检察官和独任检察官的办案权限、法律文书的签发等作出规定（草案第三十条、第三十一条），并根据“谁办案谁负责”的要求，规定检察官对其职权范围内就

案件作出的决定负责。(草案第三十七条)

4. 关于人民检察院派驻检察室。人民检察院是国家的法律监督机关，从实践看，在少数特定场所设置检察室，有利于开展法律监督工作。草案规定："人民检察院根据检察工作需要，可以在监狱等场所设立检察室，行使派出它的人民检察院的部分职权。"同时，设置检察室应当从严掌握，草案规定："省级人民检察院设立检察室，应当经最高人民检察院和省级有关部门同意。市级人民检察院、基层人民检察院设立检察室，应当经省级人民检察院和省级有关部门同意。"(草案第二十三条)

(四) 适应国家监察体制改革新要求

草案根据现行人民检察院组织法和刑事诉讼法等法律，对批准逮捕、提起公诉、对审判活动开展法律监督等检察院职权作出规定，并进一步完善人民检察院职权。

深化国家监察体制改革，是事关全局的重大政治体制改革，涉及检察院职权和人员的重大调整。草案努力做到与深化国家监察体制改革相衔接，将现行人民检察院组织法规定的"对于直接受理的刑事案件，进行侦查"，修改为"对依照法律规定由其办理的刑事案件行使侦查权”。人民检察院行使侦查权的具体情形，应当“依照法律规定”，主要指依照刑事诉讼法、监察法的规定。根据新修改的民事诉讼法、行政诉讼法，草案在检察院职权中增加规定“依照法律规定提起公益诉讼”。（草案第十三条）

（五）检察院人员分类管理和检察官员额制

1. 关于人民检察院检察长、副检察长职责。实行司法责任制后，检察长的领导管理职责不能松懈，草案进一步明确检察长、副检察长的职责：“人民检察院检察长负责本院全面工作，领导本院检察工作，管理本院行政事务。人民检察院副检察长协助检察长工作。”（草案第三十九条）关于担任检察长、副检察长的专业资格，根据多年来任命检察长的实际情况，并征求有关部门意见，草案规定：“检察长应当具有法学专业知识和法律职业经历。副检察长、检察委员会委员应当从检察官中产生。”（草案第三十八条）

2. 关于人员分类管理。完善司法人员分类管理制度，是深化司法体制改革重要举措。草案第四十四条规定：“人民检察院的检察官、检察辅助人员和司法行政人员实行分类管理。”并对检察官录用和遴选，检察官助理、书记员、司法警察的基本职责作出规定。（草

案第四十六条至第五十条）

3. 关于检察官员额制。根据有关部门意见，草案第四十五条规定：“检察官实行员额制。检察官员额根据人民检察院层级、案件数量以及经济社会发展情况、人口数量等因素确定。最高人民检察院检察官员额，由最高人民检察院商有关部门确定。地方各级人民检察院检察官员额，在省、自治区、直辖市内实行总量控制，动态管理。”

（六）人民检察院行使职权的制度保障

十八大以来，党中央采取一系列措施保障人民检察院独立公正行使检察权，草案对此作出专章规定。

1. 关于检察官履职保护。草案规定：“检察官非因法定事由，未经法定程序，不被调离、降职、免职、辞退或者处分。”（草案第五十四条）并规定：“检察官的人格尊严和人身安全受法律保护。对骚扰、谩骂、威胁、暴力侵害检察官及其近亲属等违法犯罪行为，有关机关应当及时制止，依法从严惩处。”（草案第五十三条）

2. 关于加强信息化建设。草案第五十八条规定：“人民检察院应当加强信息化建设，运用互联网、大数据等现代信息技术，提高工作效率，保障司法公正。”

3. 关于职业保障。草案根据有关部门的意见作出规定："人民检察院商有关部门建立检察官单独职务序列和工资制度，完善职业保障体制。""人民检察院人员编制实行专项管理。专项管理的具体办法，由最高人民检察院商有关部门另行规定。""人民检察院的经费按照事权划分的原则列入财政预算，保障检察工作需要。"（草案第五十五条、第五十七条、第五十九条）

《中华人民共和国人民检察院组织法（修订草案）》和以上说明是否妥当，请审议。

中华人民共和国人民检察院组织法

ZHONGHUA RENMIN GONGHEGUO RENMIN JIANCHAYUAN ZUZHI FA

经销/新华书店

印刷/北京海纳百川印刷有限公司

开本/850 毫米×1168 毫米　32 开　　印张/1　字数/10 千

版次/2018 年 10 月第 1 版　　2018 年 11 月第 2 次印刷

中国法制出版社出版

书号 ISBN 978-7-5093-5674-6　　定价：5.00 元

北京西单横二条 2 号

邮政编码 100031　　传真：010-66031119

网址：http：//www.zgfzs.com　　编辑部电话：010-66066621

市场营销部电话：010-66033393　　邮购部电话：010-66033288

（如有印装质量问题，请与本社印务部联系调换。电话：010-66032926）